bâchage des wagons destiné au transport des sucres. Le sucre
est une matière essentiellement hygrométrique, à qui, surtout
en ce qui concerne les sucres blancs destinés à la consommation directe, la moindre humidité fait perdre une grande
partie de sa valeur. Une bâche, qui s'applique directement
sur des sacs de sucre, fût-elle absolument étanche, ce qui,
il faut bien le reconnaître, est rarement le cas, les garantit
fort mal de l'humidité ; d'où résulteront des contestations
fréquentes entre la Compagnie et les expéditeurs, étant
donné qu'en vertu de l'application du tarif spécial la Compagnie décline toute responsabilité pour le sucre chargé par
l'expéditeur ; d'où, surtout, dépréciation du sucre français
à l'étranger par rapport au sucre de ses concurrents.

Aussi demandons-nous avec force que la Compagnie soit
obligée, comme par le passé, de fournir, tout au moins pour
le transport du sucre cristallisé en grains, des wagons
couverts en bon état aux expéditeurs procédant eux-mêmes
au chargement des wagons et que l'homologation de l'art. III
du tarif projeté ne soit pas accordée.

La Chambre, après discussion, donne son approbation
au rapport ci-dessus, le convertit en délibération et dit
qu'il sera adressé à M. le Ministre des Travaux Publics,
à la Compagnie du Chemin de fer du Nord, ainsi qu'aux
Chambres de Commerce qui représentent la région bette-
ravière.

Pour extrait conforme,

Le Président de la Chambre de Commerce,

C. PAILLART.

G 226 — Abbeville, imp C. Paillart

A.-D. GOLOKHWASTOFF

LA
ROUTE COMMERCIALE " OBI-IRTISH "
ENTRE LA SIBÉRIE ET L'EUROPE

(Avec deux cartes.)

PARIS

LIBRAIRIE A. CHARLES

8, RUE MONSIEUR-LE-PRINCE

1901

A.-D. GOLOKHWASTOFF

LA
ROUTE COMMERCIALE "OBI-IRTISH"

PARIS
LIBRAIRIE A. CHARLES
8, RUE MONSIEUR-LE-PRINCE

1901

A.-D. GOLOKHWASTOFF

LA
ROUTE COMMERCIALE " OBI-IRTISH "

La création d'une Société ayant pour but l'échange de marchandises entre la Sibérie occidentale et les pays européens, et pour principale tâche l'importation des matières premières de Sibérie sur les marchés d'Europe, se pose à l'heure actuelle comme un problème d'une importance économique de premier ordre pour la Sibérie occidentale en même temps que du plus grand intérêt pour le commerce international.

L'immense superficie de cette contrée et son extraordinaire fertilité qui la rend capable de produire autant que la Russie d'Europe font naître la nécessité de lui ouvrir un libre débouché vers l'Océan. Et cette nécessité se fait sentir à la fois pour cette partie de la Sibérie et pour la Russie elle-même. Si le Transsibérien, ainsi qu'on se l'était proposé tout d'abord restait l'unique route commerciale entre la Sibérie occidentale et l'Europe, toutes les matières premières à bon marché se trouveraient taxées par suite de la longueur du trajet en chemin de fer de frais considérable de transport. De plus, la Russie d'Europe, notamment les provinces comprises dans le bassin du Volga, aurait à souffrir de la dangereuse concurrence des produits sibériens. La preuve en a été donnée en 1894 quand l'ouverture des premiers tronçons du Transsibérien produisit un baisse soudaine sur le prix du blé dans tous les districts du Volga.

C'est pour prévoir ces dangers que le gouvernement russe décida alors la construction des lignes de Tcheliabinsk à Ekaterinbourg et de Perm à Kotlass, d'une longueur totale de 1.042 verstes, afin de diriger vers Arkhangelsk la masse des produits sibériens. Dans ces conditions, le transport de ces produits de la station d'Obi Krivostchekovo, dans la province de Tomsk, à Arkhangelsk s'effectuerait par voie ferrée sur un parcours de 2.833 verstes et par voie fluviale sur une distance de 1.000 verstes. A Arkhangelsk, ils n'auraient plus qu'à être transbordés sur de gros navires pour s'écouler dans tous les ports européens.

Les frais de transport d'Obi Krivostchekow à Londres par la route de Perm-Kotlass s'élèveraient selon les évaluations du Ministère des Finances de 49 1/2 à 50 copecks par poud de marchandises, tandis que par la route Obi-Irtish dont nous allons exposer le plan, ces mêmes frais ne dépasseraient point 26 copecks 1/2 (1).

Dans le cas du froment par exemple, dont les prix ont subi une baisse considérable sur tous les marchés européens et qui durant toute cette saison n'a été coté à Londres qu'environ 97 1/2 copecks par poud (2), nous voyons qu'avec les frais de transport nécessités par la route Perm Kotlass il ne resterait plus au vendeur que 47 1/2 copecks. Or, cette somme doit comprendre et le prix d'achat payé au producteur et le profit commercial d'une légion d'intermédiaires entre les mains desquels les marchandises doivent inévitablement passer. Il est évident que si pour assurer un profit à tous ces intermédiaires quelqu'un doit faire des sacrifices. ce ne peut être que le paysan producteur.

Un pareil état de choses, aussi injuste que funeste à la production, serait supprimé par l'établissement d'une route commerciale où la longueur des voies ferrées n'atteindrait que le minimum indispensable et où le nombre des intermédiaires se trouverait considérablement réduit. Or, aucune autre route ne saurait mieux réaliser ces avantages que celle qui utiliserait l'Irtish et l'Obi dans les · conditions dont l'exposé forme le sujet de ce rapport.

Les opérations de la Compagnie de la Route commerciale Obi-Irtish seraient l'achat, le transport et la vente des marchandises; son

---

(1) V. Annexe, p. 22.

(2) En France, le prix actuel du froment, déduction faite des droits d'entrée, est de 13 fr. 55 c. les 100 kilogrammes, soit 83 1/2 copecks le poud.

A Chicago le prix correspondant est de 13 fr. 50 c.

but, en un mot, serait l'organisation et le développement du commerce entre la Sibérie occidentale et l'Europe.

Mais pour atteindre un pareil but, trois conditions sont indispensables :

I. Une forte organisation commerciale.

II. L'installation des établissements nécessaires à la transformation des matières brutes en produits exportables.

III. La création d'une route commerciale.

Ce sont ces trois conditions que nous allons examiner.

I. — Organisation commerciale.

Les agents de la Compagnie achèteraient directement aux paysans les produits de leurs diverses exploitations.

Ce serait ainsi la suppression d'un nombre considérable d'intermédiaires, et, pour le producteur, la certitude de tous les avantages de prix et de sécurité que présente une Société puissante sur l'acheteur local.

La seconde partie de la tâche de la Compagnie serait d'écouler, sur les marchés européens, tous ces produits achetés ainsi en premières mains, et là encore, le résultat serait de faire disparaître quantité d'intermédiaires. Mais, cette dernière opération ne peut naturellement s'effectuer sans une mise de fonds considérable, et on comprendra mieux cette nécessité, si l'on songe qu'il s'agit là d'une entreprise commerciale dont le champ d'action s'étend sur toute la Sibérie occidentale, c'est-à-dire sur une superficie de 3.328.228 kilomètres carrés.

Les profits de la Compagnie consisteront dans la différence entre le prix d'achat des produits sibériens, augmenté des frais de transport, et leur prix de vente sur les différents marchés où ils seront écoulés.

Comme le froment forme le principal article d'exportation de la Sibérie occidentale, c'est donc sur les opérations auxquelles il donne lieu que nous allons montrer les bénéfices réalisables par la Compagnie.

Le prix moyen du froment acheté directement au producteur.

dans le circuit de l'Altaï, varie de 25 à 35 copecks le poud. En supposant même que ce prix vienne à atteindre 45 copecks, un poud de froment de l'Altaï transporté à Londres, par la route commerciale Obi-Itish, reviendrait à :

Prix d'achat. . . . . . . ·45 copecks.
Frais de transport . . . . 26 1/2 —
Total . . . . 71 1/2 copecks.

Le froment se vendant actuellement à Londres 97 cop. 1/2 — et jamais le cours n'a été plus bas — le bénéfice net serait donc de 26 copecks par poud.

Par contre, le prix de revient d'un poud de froment de la même région, transporté à Londres viâ Perm-Kotlass, serait de :

Prix d'achat. . . . . . . 45 copecks.
Transport. . ˙ . . . . 49 1/2 à 50 copecks.
Total . . . . 94 1/2 à 95 copecks.

Soit donc un bénéfice de 3 copecks seulement par poud.

La moindre baisse sur le prix actuel du froment à Londres aurait pour conséquence, ou de faire cesser toute exportation de froment sibérien par cette dernière route, ou de réduire le prix d'achat à des taux qui entraîneraient la ruine du paysan producteur. Au contraire, le froment transporté à Londres par la route Obi-Irtish peut facilement supporter certaines réductions de prix en Angleterre, attendu que son prix de revient est de 23 à 24 copecks moins élevé que celui du froment transporté par la route Perm-Kotlass.

Et ce que nous venons de dire du froment peut raisonnablement s'appliquer à toutes les autres céréales ainsi qu'à tous les articles susceptibles d'être exportés de la Sibérie occidentale, tels que : bois en poutres et en planches, bois blanc, pavés de bois, lin et chanvre, graines de lin et de chanvre, suif, viande, poissons, gibiers, volailles, œufs, cuirs, peaux, laines, queues et crins de cheval, plumes et duvets, fourrures, noix de cèdre, tourteaux, oignons, alcools, colle de poisson, térébenthine, poix, os pour engrais, cornes, chiffons, etc.

On se propose de n'exporter d'abord que 10 millions de pouds de tous ces articles de commerce international, en plus du froment.

Nous aurions pu nous étendre longuement sur toutes les inépuisables richesses minérales du fameux circuit de l'Altaï ainsi que sur les terrains à naphte dont on a constaté la présence dans la province d'Arkhangelsk et qui, en cas d'exploitation possible, pourraient être desservis par le chemin de fer de l'Obi. Mais ces richesses minérales ne pourront être mises en exploitation sur une large échelle que du jour ou un vaste courant de capitaux aura afflué dans ces contrées et qu'une route facile aura permis d'y introduire l'outillage nécessaire.

Pour trouver la preuve de notre assertion que 30 millions de pouds de froment et 10 millions de pouds de produits divers peuvent dès maintenant s'exporter chaque année de la Sibérie occidentale, nous n'avons qu'à nous en référer non seulement aux rapports officiels, mais aussi aux nombreux documents de source privée tout à fait dignes de confiance.

Dans le *Guide du Transsibérien pour l'année 1900*, édité par le Ministère des Voies de communication, on lit à la page 115 de l'édition officielle publiée en russe :

« La quantité de blé récoltée dans la province de Tobolsk et notamment dans les districts du Kurgan, de Ialoutorovsk, d'Ischim et de Tukalinsk, dépasse tellement les besoins de la population que non seulement aucune appréhension n'est à redouter au sujet de l'alimentation publique mais que des millions de pouds de grains pourraient être chaque année livrés à l'exportation.

Et plus loin, page 260 :

« Les rapports statistiques du circuit d'Altaï, touchant l'excès de la récolte de froment sur les besoins locaux, portent ce surplus à 22 millions de pouds (1) chaque année. Et l'on n'a encore défriché jusqu'à ce jour qu'un vingtième du sol favorable à cette culture du froment. »

Nous tenons du conseiller d'État Margraff (2), que même dès maintenant, 2 millions de poutres pour charpentes pourraient être

---

(1) Dans la traduction française de l'ouvrage officiel que nous venons de citer (publiée à Saint-Pétersbourg, Société d'Impression artistique) le chiffre ci-dessus est abaissé à 2.200.000 pouds. C'est là une faute d'impression regrettable au milieu de beaucoup d'autres, du reste.

(2) Chargé par le Ministère des domaines de relever l'étendue des forêts de l'État au nord de la province de Tobolsk.

chaque année exportées du bassin inférieur de l'Obi. Et la demande de ces charpentes est constante dans le commerce européen.

Aussitôt que la création de la route Obi-Irtish aura ouvert à l'exportation de la Sibérie occidentale un débouché favorable, la production de ce pays croîtra dans des proportions extraordinaires La certitude où se trouvera le producteur de pouvoir, chaque année, vendre le fruit de ses travaux à une sérieuse entreprise commerciale, ne peut avoir d'autre résultat que d'encourager son activité.

Bien que toutes les charges de l'entreprise (intérêts servis au capital, constructions. dépenses nécessitées par le fonctionnement de cette immense organisation, et même fret des marchandises importées des ports européens) soient mises au compte des produits à exporter de la Sibérie occidentale, nous ne devons point perdre de vue que par cette même route commerciale Obi-Irtish, la Compagnie pourra introduire en Sibérie des quantités de marchandises d'une valeur considérable, telles que : moteurs de tous genres, aussi bien pour les travaux et les moulins que pour l'agriculture, machines et matériaux nécessaires à la construction des bateaux et au lavage de l'or, épices et denrées coloniales, huile d'olive, objets de fantaisie, drogues, instruments de tous genres, articles de mercerie et de coutellerie, teintures et couleurs minérales et végétales, matériaux pour polir et vernir, tabac, cigares et cigarettes, vaisselle de métal et de terre, faïences, porcelaines, etc..., en tout environ 3 millions de pouds dès la première année.

Il est important pour le développement économique de la Sibérie occidentale, de créer une voie facile et à bon marché pour l'importation de marchandises telles que machines. instruments, teintures, qui faciliteront l'établissement d'industries locales, dans toute la contrée. A l'exception des machines dont l'entrée en Sibérie est complètement libre, tous les articles mentionnés ci-dessus auront à payer des droits. La perception de ces droits se trouvera ainsi facilité par la création d'un point unique d'entrée : le port desservi par le chemin de fer de l'Obi L'entrée en fraude de produits étrangers sur le territoire de la Sibérie et même de la Russie d'Europe par la mer de Kara, qui détermina l'établissement de postes douaniers à Tumen, à Tscheliabinsk et autres places, ne sera donc plus possible.

Il n'est point douteux qu'aussitôt que la Sibérie occidentale se trouvera réunie à l'Europe par cette route à bon marché et si rationnelle d'Obi-Irtish, et que d'autre part. la construction d'une voie ferrée actuellement en projet d'Andidane à Tomsk par Semipalatinsk et Barnaoul facilitera le transport du coton de l'Asie centrale, il n'est point douteux, disons-nous, que la Sibérie occidentale ne se couvre d'immenses manufactures. Il ne peut en être autrement vu la quantité de matières premières de toutes sortes et à si bon marché, la présence du combustible et la proximité des centres de consommation de la Sibérie orientale et occidentale, de la Chine et de l'Asie centrale.

II. — Installation des établissements nécessaires à la transformation des matières brutes en produits exportables.

Une des premières préoccupations de la Compagnie devra être l'entreprise de diverses constructions, tels que moulins, chantiers, scieries, quais, docks, etc. C'est dans ces établissements que les matières brutes recevront cette première forme qui leur assure un meilleur et plus sûr débit sur les marchés étrangers.

Sans aucun doute, ce travail préliminaire, en mettant les populations sibériennes à même de se servir des derniers perfectionnements de l'industrie européenne, ne peut manquer d'exercer une influence considérable sur leur éducation économique.

III. — Création de la Route commerciale Obi-Irtish.

Cette route doit comprendre :

a) Une ligne de bateaux sur les rivières des bassins de l'Irtish et de l'Obi.

Il est indispensable pour la Compagnie de s'assurer la possession de cette ligne, pour éviter le fret excessif que pourraient réclamer les propriétaires de bateaux qui ne sont soumis à aucun contrôle du gouvernement ni à aucun tarif définitivement établi.

Le transport des 30 millions de pouds de grains dont nous avons

3

prévu l'exportation des districts du sud et du centre exigera un matériel de 50 remorqueurs, avec chacun 3 bateaux. Nous tenons compte dans cette évaluation de la durée de la période de navigation sur l'Obi et l'Irtish. L'Obi, près d'Obdorsk, est navigable de 140 à 150 jours. Chaque remorqueur aura donc le temps d'accomplir cinq fois le trajet des sources de l'Obi et de l'Irtish à Obdorsk, exportant ainsi 750.000 pouds de produits sibériens pendant toute la saison. C'est donc un total pour les 50 remorqueurs et leurs 150 bateaux de 30 à 37 millions de pouds par saison.

Les 10 millions de pouds qui doivent s'ajouter à ces 30 millions pour former le total des exportations que nous avons prévu, n'ont point à être transportés par voie fluviale. Ils seront tirés des districts du nord des provinces de Tobolsk et d'Arkhangelsk, dans le voisinage par conséquent du chemin de fer de l'Obi. Ces produits consisteront surtout en bois, fourrures. poisson, gibier, etc.

Le coût d'un remorqueur d'une force de 80 chevaux et de ses trois bateaux, capables de transporter chacun 50.000 pouds, peut être évalué à 90.000 roubles. Par conséquent, le capital nécessaire à l'acquisition des 50 remorqueurs et des 150 bateaux s'élèvera à 4.500.000 roubles.

Les dépenses annuelles nécessitées par la main-d'œuvre et l'entretien du matériel sont estimées à 375.000 roubles, c'est-à-dire à 1.500 roubles par chaque voyage de 30 jours.

b) Le chemin de fer de l'Obi, qui reliera par le plus court chemin les bassins de l'Irtish et de l'Obi à un port sur l'Océan du Nord, situé à l'ouest du détroit de Joogor et des ports de Kara. On évite ainsi les dangers et les frais de la traversée souvent fatale de la mer de Kara.

Ni la construction ni l'exploitation de ce chemin de fer ne peuvent rencontrer de difficultés techniques insurmontables. Comme le sol de la Toundra est constamment gelé à une profondeur considérable, il offre, pour la construction d'une voie ferrée, des fondations d'une extrême solidité. De plus, ce sol présente, à l'exception des passes de l'Oural, une surface légèrement ondulée qui ne nécessite aucuns frais considérables de construction. Enfin, le gravier, le sable et l'eau potable abondent dans la Toundra et l'on trouve, à peu de distance de la voie projetée, le bois pour les traverses et la construction des gares. Grâce à la sécheresse de l'atmosphère dans les pays du Nord, il tombe très peu de neige durant l'hiver, et encore le peu qui tombe est-il presque entièrement enlevé par les vents violents qui soufflent pendant l'hiver. La preuve de cette assertion réside dans ce fait bien connu que les rennes trouvent à se nourrir sur la Toundra durant toute l'année. La couche de neige est si peu épaisse qu'ils peuvent retirer au moyen de leurs sabots la mousse qu'elle recouvre et dont ils se nourrissent. Enfin l'absence de larges cours d'eau permettra d'éviter toutes les dépenses qu'entraîne la construction des ponts de grandes dimensions.

Le tracé de cette voie ferrée ne pourra être définitivement arrêté qu'après les études préalables exigées par de pareilles entreprises.

Mais dès maintenant, un coup d'œil jeté sur la configuration des lieux suffit pour convaincre qu'il n'y a d'autre direction possible que l'une de celles qui sont indiquées en rouge sur la carte annexée à ce rapport. Dans l'une, celle qui passe plus au nord, le point de départ de la ligne serait situé sur la rive gauche de l'Obi inférieur, en face du village d'Obdorsk. La longueur de la voie serait de 520 verstes, avec un point maximum d'élévation de 600 pieds au-dessus du niveau de la mer, au passage de l'Oural. Le point terminus sur la côte se trouverait sur la baie de Medine.

Le tracé méridional commençant sur la rive gauche de l'Obi, au confluent de ce fleuve et du Voikar, traverserait l'Oural au défilé du Koppol, à une hauteur de 1.650 pieds au-dessus du niveau de la mer, c'est-à-dire à 1.050 pieds de plus que le tracé précédent. Mais, par contre, cette voie n'aurait que 440 verstes de longueur, c'est-à-dire 80 verstes de moins que l'autre.

Les deux cols dont nous venons de parler servent aux Samoyèdes et aux Ziranes de la Toundra, ainsi qu'aux habitants des districts de Poustozersk et de Petchora, qui chaque année traversent l'Oural pour se rendre à la foire d'Obdorsk qui ouvre le 25 décembre. C'est donc une preuve que la construction d'une voie ferrée à travers l'une de ces passes ne présenterait aucune des difficultés qu'ont eu à surmonter ceux qui ont construit certaines grandes lignes d'Europe et d'Amérique.

Le chiffre des dépenses ne pourra être fixé qu'après une étude approfondie des deux tracés et lorsqu'on aura définitivement arrêté le type de construction le mieux approprié aux conditions du climat et aux exigences du trafic.

Comme cette ligne ne pourra jamais rentrer dans aucun réseau des chemins de fer russes, le Gouvernement ne s'opposera point à ce qu'on s'écarte du type obligatoire.

Le chiffre de 40.000 roubles, par lequel nous évaluons *(V. p. 20)* le coût par verste de la construction, ne peut paraître trop faible si l'on veut bien prendre en considération les remarques suivantes :   •

1° Le privilège accordé à l'auteur de ce projet, par décret Impérial, de pouvoir importer par mer, sans aucun droit d'entrée, les rails et les machines, en un mot tout le matériel fixe ou roulant nécessaire à la construction du chemin de fer de l'Obi, réduira le coût de construction d'une ligne à double voie d'au moins 19.000 roubles par verste, soit, pour un ensemble de 440 à 520 verstes, une économie de 8.360.000 à 9.880.000 roubles;

2° L'autorisation d'importer de l'étranger tous les articles nécessaires à la construction du chemin de fer de l'Obi entraîne une réduction importante sur le prix d'achat du matériel, en même temps que leur transport par mer donne lieu à une diminution considérable des frais de transport;

3° L'acquisition du terrain nécessaire pour la construction de la ligne n'exigera pas de grandes dépenses. Nous sommes en présence d'immenses terrains incultes et inutiles. L'Empereur Nicolas Ier en a attribué la jouissance à perpétuité aux tribus indigènes qui parcourent la Toundra. Les chefs de ces communautés ont résolu, en raison des avantages que leur procurera cette ligne, d'apporter tout leur concours à sa construction.

L'évaluation à 4.000 roubles par verste des dépenses annuelles nécessitées par l'exploitation de la ligne *(V. p. 21)* dépasse de beaucoup le chiffre des mêmes dépenses sur la généralité des voies ferrées. Mais il est prudent de s'attendre à des frais plus élevés, par suite de l'augmentation des salaires à laquelle les exigences d'un climat rigoureux ne peuvent manquer de donner lieu. Par contre, cependant, si nous comparons ces frais d'exploitation avec ceux des chemins de fer de la Russie centrale, nous voyons que, sur certains points, il sera possible de réaliser des économies. C'est ainsi que le combustible, qui forme l'une des principales dépenses, pourra s'obtenir à très bon marché.

Les profits exceptionnels réalisés par la Compagnie de la route commerciale Obi-Irtish présentent toutes garanties. Par une concession du 2 avril 1887 et un édit Impérial du 21 novembre 1897, l'auteur de ce projet a obtenu l'autorisation de construire et d'exploiter le chemin de fer de l'Obi sous forme de ligne privée, c'est-à-dire que la Compagnie propriétaire de la voie ne s'en servira que pour le transport de ses propres marchandises, et cela en vertu de l'article du Recueil des lois *(Tome XII, Partie I, Éd. 1893)*, ainsi conçu :

« Les propriétaires de chemins de fer privés ne peuvent être contraints à transporter des marchandises pour le compte du public, mais s'ils consentent à le faire de leur propre gré, ils n'ont aucun paiement à en exiger. »

Nous ne saurions trop insister sur ce point qui est d'une importance capitale dans le projet actuel, car c'est en réalité la plus sûre garantie de succès qui puisse inspirer aux capitalistes la confiance nécessaire pour une pareille entreprise.

De plus, ce privilège accordé par ordre Suprême se trouve renforcé par les conditions géographiques de la route projetée. Nous allons tâcher de justifier cette assertion.

En admettant que le chemin de fer de l'Obi soit ouvert au trafic public, des difficultés insurmontables s'opposeraient au développement d'une exportation régulière de la Sibérie occidentale par le moyen de cette ligne. Il n'est point douteux qu'un riche paysan du district de l'Altaï ne puisse facilement acheter 100.000 pouds de froment. Mais supposons un instant qu'il veuille le vendre à son propre compte sur le marché de Londres et profiter ainsi de la construction du chemin de fer pour réaliser une heureuse opération. Il devra d'abord le flotter jusqu'au point de départ du chemin de fer. Arrivé là, le froment devra être chargé sur le train que le vendeur aura dû retenir à l'avance et pour lequel il aura dû verser une provision. Mais qu'un retard survienne dans le transport des marchandises par eau, et le risque en est grand sur une distance de 3.000 verstes, le train se trouve manqué et le malheureux paysan perd son dépôt de garantie.

Admettons toutefois que sa marchandise parvienne sans encombre jusqu'au port : il lui a été nécessaire, s'il tenait à ce qu'elle fût immédiatement dirigée sur un marché européen, d'affréter un navire pour une date déterminée et par conséquent de déposer une nouvelle caution pour le cas de surestarie. Il est évident que de pareilles difficultés sont insurmontables pour un paysan de l'Altaï et qu'il s'exposerait à de bien lourdes pertes s'il voulait se charger lui-même d'opérations aussi compliquées et auxquelles il n'entend rien. Il ne peut donc éviter les griffes des intermédiaires locaux dont le cercle d'action et le niveau intellectuel sont trop limités pour leur permettre des opérations de commerce international d'une grande importance.

Par contre, la création d'une Compagnie par actions qui achèterait directement aux paysans, ne peut manquer d'exercer sur le bien-être de ces derniers une influence des plus salutaires. Et ceci est d'autant plus vrai, qu'après avoir construit cette route à ses propres risques et au coût de nombreux millions de roubles, la Compagnie sera obligée, chaque année, d'acheter même à des prix élevés, toutes les matières premières de la Sibérie occidentale, sous peine de voir cette route demeurer déserte et par conséquent sans profit pour elle. Mais comme nous l'avons montré plus haut, la réduction de ses frais de transport lui permettra de continuer ses opérations avec grand profit, même dans le cas d'une augmentation de prix considérable en Sibérie ou d'une baisse énorme sur les marchés d'Europe. Or, dans de pareils cas, les autres exportateurs obligés de recourir à d'autres routes telles que la ligne Perm-Kotlass, se verraient obligés de suspendre leurs opérations. Une telle nécessité qui, en l'absence de la Compagnie de l'Obi-Irtish, entraînerait fatalement la ruine des paysans, n'aura plus d'autre effet que de constituer au profit de cette Société un droit exclusif dont son intérêt même l'empêchera d'abuser.

Le Port de mer.

L'une des questions essentielles dans la création de la route commerciale Obi-Irtish est le choix d'un emplacement qui puisse convenir à la construction d'un port offrant toute sécurité.

Depuis plusieurs années, l'exploration de la côte sibérienne se poursuit activement sous les auspices des ministères de la Marine et des Finances et sous la direction du colonel Wilkitzky, chef de l'expédition hydrographique dans l'Océan Arctique. Un des résultats de cette exploration a été de déterminer l'endroit favorable à la construction du port où doit aboutir le chemin de fer de l'Obi. La baie de Medine a été reconnue comme le seul point de la côte présentant toutes les conditions requises pour une pareille entreprise. Sa profondeur est d'au moins 23 pieds, c'est-à-dire suffisante pour le mouillage des grands navires et la longueur des quais pourrait atteindre plusieurs verstes. De plus le choix de cet emplacement offrira le grand avantage de prolonger la période de navigation, la saison des glaces n'y étant guère plus longue qu'à Archangelsk.

La route maritime de la baie de Medine aux ports européens est actuellement bien connue de nombreux capitaines russes et étrangers.

Le Gulf-Stream, cet immense courant d'eau chaude qui traverse l'Océan, coule le long des côtes norvégiennes jusqu'au Cap Nord, fait alors un détour vers le Sud, attiré par le continent, longe la côte de Moorman qu'il rend ainsi ouverte à la navigation toute l'année et se prolonge vers l'Est le long des côtes de la Russie septentrionale.

La configuration de tous les promontoires situés à l'est de la mer Blanche, ne peut être attribuée qu'à la présence du Gulf-Stream le long de ces côtes.

La situation de l'île Kolgujeff (69° lat. N.), dans l'Océan du Nord, est telle qu'elle divise le Gulf-Stream en deux bras et réduit ainsi considérablement son action. Le bras qui coule à l'Ouest se dirige vers Novaja-Zemla dont la côte occidentale se trouve ainsi colonisable; l'autre bras du courant chaud, ainsi que nous l'avons déjà fait remarquer longe l'entrée de la mer Blanche et se dirige vers le détroit d'Yougor et les portes de Kara où il rencontre le courant d'eau froide venant de l'Océan Glacial.

De toutes ces remarques, il ressort avec évidence que la baie de Medin où doit aboutir le chemin de fer de l'Obi se trouve soumise à l'influence du Gulf-Stream, et que, par conséquent, la période de navigation dans cette partie de l'Océan du Nord, surtout avec l'aide des brise-glaces peut être en toute certitude estimée à cinq mois au moins par année (1).

L'ouverture de la route commerciale d'Obi Irtish venant après la création du port de Catherine ne manquerait pas d'augmenter la flotte commerciale de la Russie et d'accroitre son activité. La construction d'immenses magasins dans le golfe de Motovsky, sur la côte Moorman où la mer ne gèle jamais, est un des éléments nécessaires de notre projet. Ils serviraient d'entrepôts pour les marchandises de la Sibérie occidentale exportées par la route Obi-Irtish et en régulariseraient la distribution parmi les ports européens durant tout le cours de l'année. On éviterait ainsi la baisse de prix qui se produirait infailliblement si l'arrivage de toutes ces marchandises s'effectuait dans un laps de temps trop court.

---

(1) **V.** la lettre du vice-amiral Makaroff, p. **34**.

CONCLUSION

La création de la route commerciale Obi-Irtish selon le plan que nous venons d'exposer ne peut manquer d'être pour les capitaux qui y seront engagés une source de revenus considérables. En effet :

1° Nous avons prouvé qu'un poud de froment transporté à Londres par la route Obi-Irtish ne reviendra qu'à 71 1/2 cop. alors que *viâ* Perm-Kotlass il reviendrait à 95 copecks. Un profit proportionnel serait également réalisé sur toutes les autres marchandises exportées de la Sibérie occidentale ;

2° Le trafic sur cette route, la moins chère de toutes celles que les conditions géographiques permettent de construire entre la Sibérie occidentale et l'Europe, sera tout entier aux mains de la Compagnie qui l'aura construite. Les droits accordés à l'auteur du projet en garantissent amplement le succès;

3° La création de cette route ne se heurte ni à de grandes difficultés ni à de grandes dépenses : les conditions du sol que doit traverser le chemin de fer de l'Obi, sont des plus favorables à cette entreprise ; toutes les rivières des bassins de l'Obi et de l'Irtish sont navigables pendant au moins cinq mois de l'année ; la baie de Medine a une profondeur naturelle de 23 pieds, en même temps qu'une ligne de débarquement considérable et elle peut rivaliser sous tous les autres rapports avec celle d'Archangelsk où depuis longtemps il se fait un commerce florissant ;

4° L'autorisation d'importer en franchise les rails et tout le matériel roulant, fixe et nécessaire à la construction du chemin de fer, accordée à l'auteur de ce projet par Sa Majesté l'Empereur est une preuve de l'assentiment moral accordé par le Gouvernement russe à ce projet. C'est aussi de sa part un réel concours puisqu'une telle autorisation diminuera de 8 à 10 millions de roubles au moins, les frais de construction ;

3

5° Enfin, cette route en facilitant l'accès de la Sibérie occidentale permettra d'y importer toutes les machines et tous les produits de l'industrie européenne. L'accroissement continu de la population, la proximité des marchés de la Chine et de l'Asie centrale donneront peu à peu naissance à d'immenses et nombreuses manufactures qui trouveront dans les inépuisables matériaux bruts de ces pays, ainsi que dans leurs richesses en bois et en charbon les éléments d'une grande prospérité.

En résumé, il ne s'agit rien moins que de la création d'une immense artère commerciale destinée à relier deux mondes jusqu'ici séparés : la Sibérie et l'Europe. Et sans vouloir regarder trop avant ni sonder quelles seront dans l'histoire économique du continent asiatique, les conséquences d'une œuvre de cette importance, on peut cependant, affirmer dès maintenant qu'elle sera pour la Sibérie le point de départ d'une ère nouvelle. Et quand on considère la superficie de cet immense territoire, l'extraordinaire fertilité de la plupart de ses provinces, l'étendue et la variété de ses richesses, aussi bien végétales que minérales, on se demande si ce n'est point là le grenier d'abondance où pendant des siècles l'Europe ira puiser les éléments nécessaires à sa subsistance et à son activité. Et que faudrait-il pour réaliser ce phénomène, pour jeter sur les marchés européens toutes les ressources d'un monde jusqu'alors inexploité? Une simple voie ferrée de 450 kilomètres capable de relier les deux voies naturelles de l'Océan et de l'Obi. N'y a-t-il pas là vraiment de quoi tenter toutes les initiatives et toutes les énergies?

AL. GOLOKHWASTOFF.

Paris, 6, rue Daunou.

Le 13 septembre 1901.

Pour toutes communications ou plus amples renseignements, prière de s'adresser, par lettre recommandée, à

M. AL. GOLOKHWASTOFF, RUSSIE, MOSCOU, TVERSKAJA KOSIIZKY PEREOULOK, 3.

Adresse télégraphique : MOSCOU-GOLOKHWASTOFF.

A. — STATISTIQUES

RECENSEMENT DE 1897

I. — Superficie et Population.

PROVINCES	VERSTES CARRÉES	DESSIATINES	KILOMÈTRES CARRÉS	HABITANTS DES DEUX SEXES
Tobolsk	1.228.154	127.003.094	1.397.692	1.438.484
Tomsk	753.647	77.560.073	857.682	1.929.092
Akmolinsk	522.541	53.356.438	594.672	678.957
Semipalatinsk.	420.180	42.272.813	478.182	685.197
	2.824.522	300.192.418	3.328.228	4.731.750

II. — Agriculture et Alimentation publique.

PROVINCES	FROMENT		SEIGLE		AVOINE	
	DESSIATINES cultivées	RÉCOLTE en pouds	DESSIATINES cultivées	RÉCOLTE en pouds	DESSIATINES cultivées	RÉCOLTE en pouds
Tobolsk.	427.141	22.182.700	234.968	9.304.300	401.514	21.602.500
Tomsk	590.483	41.568.000	294.294	18.069.200	364.741	24.080.900
Akmolinsk . . .	98.128	3.186.400	10.850	331.100	31.640	1.488.300
Semipalatinsk. . .	92.570	4.604.000	5.934	275.200	28.450	1.688.700
	1.203.322	71.541.100	546.046	27.979.800	796.345	48.860.400

Le montant total de la récolte en froment, seigle et avoine, est donc de 148.411.300 pouds.

Sur une superficie totale de 300.192.418 dessiatines, il n'y en a donc encore que 2.550.713 cultivées en froment, seigle et avoine.

III. — Élevage.

PROVINCES	CHEVAUX	BÊTES A CORNE	CHAMEAUX	MOUTONS	CHÈVRES	PORCS
Tobolsk	625.000	715.000	»	4.400.000	400.000	130.000
Tomsk	1.300.000	980.000	»	1.380.000	»	220.000
Akmolinsk . . .	490.000	275.000	80.000	900.000	30.000	1.500
Semipalatinsk . .	550.000	350.000	65.000	2.130.000	»	»
	2.965.000	2.420.000	145.000	8.810.000	430.000	331.500

IV. — Forêts.

DONNÉES APPROXIMATIVES.

Provinces.

Tobolsk	75.000.000	hectares.
Tomsk	43.100.000	—
Akmolinsk	2.100.000	—
Semipalatinsk	4.400.000	—

B. — FRAIS DE CONSTRUCTION

OBLIGATIONS 6 0/0.

1° Chemin de fer de l'Obi de 440 à 520 verstes à 40.000 roubles par verste (cette somme comprenant le matériel roulant, les rails, etc., le tout exempt de droits d'entrée . . . . Rb. 17.600.000 à 20.800.000

2° 50 remorqueurs et 150 bateaux 4.500.000

3° Port, quais, magasins, grues, télégraphe, etc. . . 7.000.000

4° Frais imprévus 900.000

Total . . . . Rb. 30.000.000 à 33.200.000

Dépenses annuelles.

1º Intérêts 6 0/0 sur un capital obligations de
30 millions à 33.200.000 roubles . . . . .Rb.   1.800.000 à   1.992.000
   2º Main d'œuvre et frais d'entretien :
   a) Chemin de fer de l'Obi de 440 à 520 verstes : 4.000
roubles par verste 1.760.000   2.080.000
   b) Remorqueurs et bateaux : 250 voyages à 1.500
roubles par voyage, retour compris 375.000
   c) Port, quais, magasins, etc. 700.000
   3º Fret jusqu'à Londres, de 40 millions de pouds à
raison de 10 copecks par poud 4.000.000
   4º Assurances, chargements, etc., 4 copeks par poud,
soit pour 40 millions de pouds 1.600.000
   5º Dépenses imprévues 65.000

          Total . . . . .Rb.   10.300.000 à 10.812.000

Cette somme divisée par le chiffre total des exportations, soit 40 millions de pouds
donne donc comme frais de transport de la station d'Obi-Krivostchekovo à Londres par
la route commerciale Obi-Irtish, de 25,75 à 27,04 ou en moyenne 26.335 copecks par
poud.

Production en froment de la Sibérie occidentale.

L'ensemble des terrains cultivés en froment ont produit en 1899 :

Province de Tobolsk . . . .   30.859.000 pouds.
   —   de Tomsk. . . . .   35.797.000   —
   —   de Akmolinsk. . . . .   7.855.000   —
   —   de Semipalatinsk. . . . .   2.226.000   —

        Récolte totale . . . .   76.837.000 pouds.

De ce total, il convient de déduire :

1º Semences, 15 0/0 de la récolte. . . . .   11.549.000 pouds.
2º Réserves, 10 0/0 . . . .   7.683.700   —
3º Consommation :
A raison de 5 pouds de froment seulement par habitant,
sans distiction d'âge ni de sexe, soit pour une population de
4.721.730 habitants . . . .   22.608.650   —

       Total a déduire. . . . .   41.841.350 pouds.

Résultats :

Récolte totale . . . .   76.837.000 pouds.
A déduire. . . . .   41.841.350   —

            Reste pour l'Exportation. . . .   34.995.650 pouds.

Opérations réalisables sur un total de 30 millions de pouds de froment transportés du district de l'Altaï à Londres, par la route commerciale Obi-Irtish :

Prix de revient d'un poud :

Prix d'achat   45   » cop.
Frais de transport. . . . .   26,395 cop.

            Total. . . . .   71,395 cop.

Ou en chiffres ronds 71 cop. 1/2.

Prix de vente :

Les prix du froment à Londres étaient :

1° 97 cop. 1/2 par poud à la fin d'août 1898 (minimum);
2° 164 cop. 3/4 par poud au commencement de mai 1898 (maximum).

Bénéfices :

Prix du froment à Londres.	164 3/4	97 1/2 cop.
Prix de revient d'un poud de froment acheté en Sibérie occidentale et transporté à Londres par la route Obi-Irtish.	71 1/2	» cop.
Profit net par poud. . .	93 1/4	26 » cop.

Les opérations réalisées sur un total de 30 millions de pouds de froment transportés de la Sibérie occidentale à Londres, donneraient donc un bénéfice net variant de 27.975.000 à 7.800.000 roubles.

PIÈCES JUSTIFICATIVES

DÉCLARATION

PRÉSENTÉE

PAR MM. F.-B. SCHMIDT ET F.-N. TSCHERNISCHEFF

Membres de l'Académie impériale des sciences de Saint-Petersbourg

A S. A. I. LE GRAND-DUC CONSTANTIN CONSTANTINOVITCH

Président de l'Académie impériale des sciences

En réponse à la question de M. A.-D. Golokhwastoff : « Est-il vrai que la Toundra ne soit qu'un immense marais et qu'il soit par conséquent impossible d'y construire une voie ferrée ? » nous avons le bonheur de déclarer que cette opinion courante concernant la Toundra est une erreur complète. Pris dans son sens scientifique, le mot *Toundra* ne s'applique qu'aux sols où la forêt ne peut croître. Dans la presqu'île de Kola, les indigènes donnent aussi ce nom aux endroits les plus élevés de leur péninsule.

Les différents aspects que revêt la Toundra permettent de distinguer :

1° La *Toundra pierreuse*, ou sol rocailleux dépourvu de toute végétation ;

2° La *Toundra sèche*, recouverte de mousse blanche ;

3° La *Toundra marécageuse*, qui dégèle durant la seconde moitié de l'été.

Les deux premières sortes ne peuvent présenter aucune difficulté à l'établissement de voies ferrées. Quant à la troisième, la profondeur à laquelle le sol se trouve gelé et les perfectionnements accomplis dans la construction des chemins de fer rendent une telle entreprise parfaitement possible.

L'exactitude de nos assertions se trouve entièrement démontrée par la construction du chemin de fer d'Arkhangelsk, dans la partie septentrionale du district de Holmogory, où les conditions du sol présentent peu de différence avec celles de la Bolsche-Zemelskaja Toundra. A cet égard, la mission d'études que M. Golokhwastoff se propose d'organiser offre donc un intérèt à la fois scientifique et pratique de première importance. Nous jugeons nécessaire d'ajouter que M. le baron Toal, qui a beaucoup voyagé à travers les toundras sibériennes, partage complètement notre opinion.

De Votre Altesse Impériale, les dévoués serviteurs,

Signé : F.-B. Schmidt,

F.-N. Tschernischeff.

INTENDANT GÉNÉRAL
Du Circuit de l'Altai

20 JANVIER 1898

N° II

Saint-Pétersbourg

Au Directeur du Cabinet de Sa Majesté Impériale.

RAPPORT.

J'ai reçu, pour l'examiner, le rapport de M. A.-D. Golokhwastoff concernant l'influence du chemin de fer de l'Obi, dont il projette la construction, sur le développement de la valeur des terrains dans le Circuit de l'Altaï. D'après ce projet, la route par eau allant de la Sibérie occidentale en Europe par le fleuve de l'Obi et la mer de Kara se trouve abrégée par la construction d'une voie ferrée qui irait d'Obdorsk au détroit de Yougor. Cette ligne permettrait aux produits exportés de Sibérie d'éviter le passage de la mer de Kara où l'accumulation des glaces rend la navigation très dangereuse.

En ce qui concerne la vente des produits naturels du Circuit de l'Altaï cette nouvelle route serait d'une importance considérable.

Ce circuit en effet, produit chaque année d'énormes quantités de grains qui ne peuvent trouver un écoulement sur les lieux mêmes. Aussi faut-il les expédier vers la Sibérie orientale et les marchés de la Russie d'Europe. Mais la vente du blé sibérien en Russie est plutôt à redouter par suite de la baisse de prix qu'elle occasionne sur les blés des districts du Volga et du tort qu'elle fait ainsi à l'agriculture de ces pays. Le seul moyen d'éviter ces dangers est d'ouvrir une voie d'exportation au grain de l'Altaï.

Actuellement, cependant, ce grain peut être transporté sur les marchés étrangers par l'intermédiaire de deux voies : ou bien par chemin de fer jusqu'à Arkhangelsk, ou bien par eau par l'Obi et la mer de Kara.

Le transport par eau a été commencé l'été dernier. Des navires anglais ont transporté 400.000 pouds de froment de l'Altaï à Londres, où il trouve un marché favorable.

Sans aucun doute les frais de ce transport, surtout après la construction du Chemin de fer de l'Obi seront de beaucoup moins élevés que ceux qu'entraîne le transport à Arkhangelsk par la route Perm-Kotlass.

Je n'ai fait allusion qu'aux céréales. Mais, outre cette culture, l'élevage des bestiaux et les autres branches de l'agriculture se développent chaque jour dans l'Altaï et n'ont aucun marché pour l'écoulement de leurs produits. Ce serait donc un immense avantage pour ce pays que d'ouvrir une voie de communication facile avec l'Europe.

Il va sans dire que l'ouverture des marchés européens aux produits du Circuit de l'Altaï ne peut manquer d'accroître la valeur de ces territoires et cette augmentation à son tour exercera une heureuse influence sur le bien-être de la population et sur les revenus du Cabinet de Sa Majesté.

Le Général-major,

Signé : BOLDIREFF.

Pour le Directeur des Affaires du Cabinet de Sa Majesté :

Signé : FREITAG.

EXTRAITS DE LETTRES

ADRESSÉES

A Monsieur A.-D. GOLOKHWASTOFF

sur le projet du chemin de fer de l'Obi

____

1° Par le colonel Wilkitzky.

En réponse à votre lettre, je ne puis que vous confirmer dans votre opinion que la mission que vous proposez d'envoyer ne pourrait explorer la rivière Korotaïkha, par suite de l'accumulation des glaces, qui rend la côte inabordable dans tout le voisinage du détroit de Yougor, même dans le commencement de septembre.

Quant au tracé à donner au Chemin de fer de l'Obi, je suis d'avis que bien que la saison présente soit d'une rigueur exceptionnelle, le choix de la baie de Medine comme point terminus de cette voie est infiniment préférable à l'embouchure de la Korotaïkha. Cette baie, dont la profondeur atteint au moins vingt-cinq pieds et qui possède une superbe ligne de désembarquement, offrirait toute facilité pour le mouillage des grands navires.

De plus, en choisissant cet endroit comme terminus de la ligne de l'Obi, vous vous assurez un énorme avantage en ce qui concerne la période de navigation, presque aussi longue dans la baie de Medine qu'à Arkhangelsk.

Signé : WILKITZKY.

2° Par le baron Nordenskiold.

Stockholm, le 29 août 1889.

C'est avec le plus vif intérêt que j'ai lu le rapport que vous m'avez envoyé dernièrement sur l'importance commerciale du Chemin de fer de l'Obi.

Je suis sûr que la réalisation de ce projet sera d'une extrême importance pour le développement de la Sibérie, dont les richesses naturelles seront capables de rivaliser avec celles de l'Amérique du Nord, aussitôt qu'il sera possible de les exploiter avec profit. Je ne veux point entrer dans les détails concernant la construction du Chemin de fer. Vous avez traité ce sujet d'une façon aussi satisfaisante que possible. Mais en ce qui touche la circulation par mer, entre l'Océan Atlantique et le détroit de Yougor, à proximité duquel sera situé le point terminus de la ligne projetée, l'expérience que j'ai acquise dans mes fréquents voyages à travers ces régions ainsi que dans l'étude de tous les voyages accomplis dans la même direction pendant les vingt-cinq dernières années, me permet de vous déclarer que cette circulation ne rencontre aucune difficulté durant plusieurs mois de l'année.

. . . .

Signé : E.-A. Nordenskiold.

Stockholm, 24 décembre 1889.

. . . .

Ma propre expérience et les nombreuses descriptions que j'ai lues de la Toundra, m'ont convaincu qu'il y a peu de territoires aussi favorables à la construction d'un chemin de fer, et quant au temps durant lequel un port situé près de Khabarovo peut rester ouvert, je ne crains point de me tromper en l'estimant de trois à quatre mois.

L'ouverture d'une ligne de communication, courte et à bon marché, entre l'Atlantique et les immenses provinces comprises dans les bassins des grands fleuves sibériens sera, dans l'avenir, d'un plus grand profit pour l'humanité que l'abrègement de la route des Indes par le percement de l'isthme de Suez.

. . . .

Signé : E.-A. NORDENSKIOLD.

3° Par M. Stephen Sommier.

Florence, le 4 mai 1890.

C'est avec le plus grand empressement que je réponds aux questions que vous m'avez adressées sur une région que j'ai étudiée avec tant d'intérêt. Et ce sera pour moi un vrai bonheur si mes réponses peuvent contribuer à procurer à l'immense bassin de l'Obi, dont la partie méridionale est d'une fertilité extraordinaire, l'énorme développement qui dépend surtout de la solution donnée au problème de la facilité des transports.

Vous me demandez mon opinion sur la nature du sol au nord d'Obdorsk. J'ai traversé la Toundra à pied dans une direction très rapprochée de celle que vous désirez donner au chemin de fer de l'Obi, au moins dans sa première zone. Je suis donc, par conséquent, en mesure de vous donner un utile témoignage.

Sur la rive gauche de l'Obi inférieur, en face d'Obdorsk, le sol s'élève graduellement jusqu'à une hauteur que j'évalue à environ 100 mètres. Il n'y a donc pas la moindre difficulté à trouver dans cette partie de la région une route favorable à la construction d'un chemin de fer. Plus loin, jusqu'à l'Oural, le sol forme une vallée légèrement ondulée.

La première zone, dans le voisinage d'Obdorsk, est couverte de forêts de pins, de mélèzes et de bouleaux d'une hauteur moyenne. Plus loin s'ouvre la Toundra, où l'on ne rencontre plus que de rares groupes d'arbres. (L'expédition de Finsch a trouvé des mélèzes de 6 mètres de hauteur au-dessus du 67°,30 de latitude nord.) Cette Toundra est une plaine assez unie qui doit présenter des conditions favorables à la construction d'un chemin de fer. Sous une épaisse couche de mousse, on trouverait de solides fondations dans le sol même, continuellement gelé à une petite profondeur de la surface. Plus on se dirige vers le Nord, plus ces conditions deviennent excellentes, la couche gelée du sol devenant de plus en plus épaisse. Selon les renseignements acquis sur les lieux, il est encore plus facile de traverser la partie septentrionale de la Toundra, soit à pied, soit en traîneau. Les petits lacs et les petites rivières fourniront autant d'eau qu'il sera nécessaire.

Quant à la richesse des forêts, le long des rives de l'Obi, entre Samarovo et Obdorsk, on peut dire qu'elle est inépuisable. L'immense forêt, sibérienne s'étend jusqu'au fleuve, où elle forme une ligne ininterrompue de Samarovo au golfe de l'Obi, au nord d'Obdorsk. Elle est exclusivement composée de pins, de mélèzes, de cèdres sibériens, de bouleaux et de frènes. A Samarovo, la forêt est magnifique et remplie d'arbres d'un large diamètre et d'une hauteur considérable. Et il en est ainsi même à une énorme distance en aval de Samarovo. Dans la partie septentrionale, les arbres sont naturellement moins hauts ; cependant, même en aval d'Obdorsk, j'ai mesuré des mélèzes de 1^m,40 à 1 mètre de circonférence à une hauteur d'un mètre du sol. On peut donc affirmer que, sur une superficie de milliers de verstes et près des grandes rivières, existe une énorme provision de bois pour les besoins les plus divers.

En ce qui concerne le climat de la région inférieure de l'Obi, je suppose que le côté le plus intéressant pour vous est de connaître la durée possible de navigation pendant l'année. Vous pouvez compter sur près de cinq mois, depuis le commencement de juin jusqu'à la fin d'octobre. Cela représente la durée moyenne que m'ont permis d'établir les renseignements pris sur place. Il ne faut point oublier que la neige disparaît avant que l'Obi ne dégèle. C'est un fait bien connu que dans ces hautes latitudes de l'Asie, où règne le climat continental, la quantité de neige qui tombe durant l'année est très inférieure à celle qui tombe dans certaines contrées de l'Europe situées beaucoup plus au sud.

J'arrive maintenant à la faune de ces régions. Du point de vue commercial, il convient de citer en premier lieu le poisson, dont l'abondance dans le cours inférieur du fleuve est étonnante. Actuellement, on en expédie sur des bateaux aux marchés de Tobolsk et de Tumen. Mais ce commerce pourra s'exercer sur une large échelle du jour où il sera organisé. La chair de ce poisson et notamment celle de l'esturgeon et de deux espèces de saumon : le nielma et le mouksoun, est exquise. et je ne doute point que dès qu'on lui fera subir une préparation analogue à celle qu'elle reçoit en Norvège, elle n'atteigne un prix beaucoup plus élevé qu'actuellement et ne puisse être exportée en Europe en quantité considérable. Depuis les temps les plus reculés, cette région a été renommée pour la richesse des fourrures; de plus, les oiseaux aquatiques et le gibier y abondent. Mais vous pourrez trouver tous ces détails, ainsi que ceux qui ont trait à la nature du sol et au climat. dans le récit de mon voyage à travers ces régions, intitulé : *Un Été en Sibérie.*

Signé : ST. SOMMIER.

4° Par le vice-amiral Makaroff, commandant le port de Cronstadt,
près de Saint-Pétersbourg.

22 septembre 1900.

Monsieur,

En vous accusant réception de votre lettre du 4 courant, je suis prêt à vous donner mon opinion sur votre projet d'organiser l'exportation à l'étranger, des céréales provenant du bassin de l'Obi, par l'intermédiaire d'un chemin de fer aboutissant à la baie de Médine.

Je n'aborderai point la question relative à la quantité des produits sibériens qui n'attendent pour être exportés que l'ouverture d'une voie à bon marché. Ce qu'on ne peut mettre en doute, c'est que la surproduction du froment dans le bassin de l'Obi, ainsi que son faible prix d'achat sur place, sont une sûre garantie pour la prospérité de l'entreprise. Je ne discuterai point non plus les chances de réussite ou les risques d'insuccès que peuvent présenter la construction et l'exploitation d'un chemin de fer à travers les Toundras septentrionales. Je laisse à des spécialistes beaucoup plus compétents que moi sur ce sujet le soin de résoudre cette question.

Quant au transport par eau, il convient avant tout d'en bien distinguer les deux parties : la voie fluviale et la voie maritime. L'Obi, près d'Obdorsk, dégèle vers le 23 mai et gèle vers le 16 octobre. La navigation est donc possible pendant quatre mois et trois semaines, ce qui est largement suffisant à l'exportation des produits sibériens. Sur ce point donc, le problème est facile à résoudre. La difficulté est tout autre en ce qui concerne la voie maritime. La baie de Medine vous a été recommandée par le colonel Wilkitzky, c'est-à-dire par l'autorité la plus compétente sur cette question. Mais en admettant que cette baie puisse servir de port aux grands navires et que les produits y soient amenés en quantité suffisante, il n'en reste pas moins à étudier le problème de sa jonction avec les ports européens.

La route qui mène d'Europe à la baie de Medine, longe d'abord les côtes de Norvège jusqu'au port russe Catherine et passe ensuite par l'Océan du Nord.

Jusqu'au port Catherine, la navigation est ouverte durant toute l'année. Un peu plus loin, c'est-à-dire entre ce port et l'île de Kolgueff, la mer est également navigable pendant presque toute l'année. Mais depuis l'île de Kolgueff jusqu'à la baie de Medine, c'est-à-dire sur une étendue de deux cent cinquante milles marins, on rencontre des banquises flottantes. Au printemps, elles abondent ; en été, on les rencontre encore de temps à autre, mais au commencement de l'automne, leur présence dans ces eaux n'est qu'accidentelle. Tout dépend de la direction des vents. Depuis trois ans, la Compagnie des bateaux à vapeur de Moorman entretient un service régulier entre Archangelsk et la Petchora, avec visites, en cas de besoin, au détroit de Yougor. En vous adressant aux bureaux de cette Compagnie, vous recevrez sans aucun doute, les détails les plus précis sur la période de navigation jusqu'à l'embouchure de la Petchora. Les difficultés que vous rencontrerez pour parvenir jusqu'à la baie de Mednie seront à peu près celles que rencontre cette Compagnie jusqu'à l'embouchure de la Petchora. Dans certains cas, elles seront plus grandes, dans d'autres moindres. La plupart du temps, il sera possible d'arriver jusqu'au port que vous avez choisi, dès les premiers jours de juillet. Mais l'année dernière, par exemple, les bateaux frétés par M. Popham ont rencontré en juillet des banquises à proximité de l'île Kolgueff. Ces banquises les ont retenus quelque temps, sans les empêcher toutefois d'arriver au détroit de Yougor.

Si l'on n'avait en vue qu'une simple expédition à la baie de Médine, on pourrait se passer de brise-glaces. Mais dès lors qu'il s'agit d'un service considérable, ces bateaux deviennent une nécessité pour faciliter la navigation durant l'été et la prolonger pendant l'automne. Les glaces nouvelles qui se forment durant cette dernière saison pourraient empêcher la sortie des navires, mais à l'aide de brise-glaces il ne peut en être ainsi. Je crois même que le service sera plus facile en automne qu'en été car il y a moins de glaces et moins de brouillards. Par contre _e soleil qui ne se couche pas de tout l'été, facilite grandement la navigation dans ces parages.

Je pense que l'on peut compter sur une période certaine de navigation allant du 1ᵉʳ juillet jusqu'au 30 octobre.

Comme j'ai proposé la construction de brise-glaces pour l'ouverture de la voie maritime conduisant directement aux embouchures de l'Obi et de l'Yénisséi, il vous sera peut être intéressant de connaître mon opinion au sujet du choix entre cette voie directe et celle que vous proposez par la baie de Médine. Je puis vous répondre franchement que la vôtre est infiniment plus sûre. L'action des glaces d'eau de mer sur le corps des bateaux métalliques a été plus désastreuse qu'on ne pouvait s'y attendre, d'après les avis de personnes compétentes. On disait que les baleinières, peu résistantes aux glaces d'eau douce, affrontent sans danger celles d'eau salée. Or l'expérience a prouvé le contraire. Ces bateaux traversent souvent impunément les lourdes glaces d'eau peu salée de la Baltique, tandis que trois bateaux à vapeur affrétés l'année dernière par M. Popham, ont énormément souffert en luttant contre les glaces salées. C'est pourquoi la navigation offrira toujours beaucoup plus de risques à travers la mer de Kara jusqu'à l'embouchure de l'Obi que jusqu'à la baie de Médine (1).

Je vous souhaite donc un succès complet dans votre entreprise. Je me rends compte des difficultés qu'elle présente, mais ces difficultés peuvent très bien être surmontées si la partie technique est parfaitement organisée.

Veuillez agréer, etc.

Makaroff.

---

(1) En effet, d'après de récents télégrammes, l'expédition entreprise cet été par le vice-amiral Makaroff, avec le brise-glace *Yermak*, n'a pu pénétrer dans la mer de Kara. *(Note de l'auteur.)*

DOCUMENTS OFFICIELS

MINISTERE
DES
VOIES DE COMMUNICATION

—

DÉPARTEMENT
DES CHEMINS DE FER

—

Saint-Pétersbourg,
2 avril 1887
N° 3008

A Monsieur le Conseiller d'Etat actuel, Bernhardt Vassilievitch Struve, fondé de pouvoirs du Secrétaire du Gouvernement M. A.-D. Golokhwastoff, au sujet de la construction du chemin de fer de l'Obi.

S. E. le Ministre des Voies de communication a autorisé le Secrétaire de Gouvernement, M. Alexandre Dimitrievitch Golokhwastoff, à construire, à ses propres risques et pour usage privé, le Chemin de fer de l'Obi d'une longueur d'environ 375 verstes et allant de l'embouchure de la Korotaïkha aux Vassukowsky Yourtas sur le cours inférieur de l'Obi. Les conditions qui lui sont imposées sont les suivantes :

1° Ni durant la construction et l'exploitation de la voie projetée, ni dans le cas d'ouverture de cette voie au trafic public, le propriétaire ne doit compter recevoir du Gouvernement, non seulement des subsides directs sous forme d'avances, mais tout autre privilège, tels que droit à l'expropriation, droit d'importer en franchise le matériel du chemin de fer, droit d'exploiter les terres, les forêts et en général toute propriété ou source de revenus quelle qu'elle soit, appartenant au Gouvernement;

2° L'appropriation du terrain pour la voie ferrée aussi bien que pour les bâtiments dépendant du Chemin de fer de l'Obi doit être le résultat d'un accord réciproque entre les propriétaires de ce terrain et le concessionnaire.

3° La sanction donnée à la construction du Chemin de fer de l'Obi n'inclut pas l'autorisation pour M. Golokhwastoff d'exploiter les terrains, forêts. et, en général, toute propriété ou source de revenus appartenant au Gouvernement dans la région dudit chemin de fer;

4° Le propriétaire de la voie ferrée est soumis aux conditions et aux règlements qui peuvent être stipulés pour les chemins de fer d'usage privé;

5° Dans le cas où le propriétaire de la ligne se chargerait du transport de voyageurs étrangers à son administration ou de marchandises ne lui appartenant point, il ne pourrait exiger aucune rétribution pour ce service. Si toutefois il désirait transformer sa ligne en voie d'usage public, il devrait en faire la demande au Ministère des Voies de communication;

6° Le Gouvernement se réserve le droit d'autoriser, s'il le juge nécessaire, la construction et l'exploitation de routes concurrentes et parallèles au Chemin de fer de l'Obi;

7° La responsabilité de l'entretien dans les conditions ordinaires de sécurité de la voie, des bâtiments et de toutes les autres constructions, incombe à la personne nommée par le propriétaire et à qui les fonctionnaires du Gouvernement ainsi que les personnes privées devront adresser leurs réclamations. Mais pour tous les préjudices et pertes dus à la faute du directeur du chemin de fer et du personnel placé sous ses ordres, la responsabilité retombe sur le propriétaire;

8° L'exploitation de la voie doit être soumise au contrôle et à la surveillance techniques du Ministère des Voies de communication, ainsi qu'aux règles et instructions émanant de ce Ministère. Avant de commencer les travaux, M. Golokhwastoff est tenu d'en présenter le plan à l'approbation du Ministère des Voies de communication;

9° En cas de violation des conditions imposées pour la sécurité de la voie ou d'inefficacité des mesures générales prescrites par la loi pour le bon entretien des voies de communication, le trafic du chemin de fer sera suspendu jusqu'à ce que le nécessaire ait été fait;

10° Le propriétaire de la voie s'engage à rembourser les frais d'inspection et à payer la surveillance des gendarmes dans le cas où elle serait nécessaire. Il s'engage également à se charger des dépenses nécessitées pour l'examen de la voie avant son ouverture au trafic;

11° Enfin, il s'engage à se soumettre aux conditions stipulées par le Ministère de l'Intérieur et relatives à l'organisation de la police et du transport des postes sur la ligne, si cette organisation était jugée indispensable.

Pour le Directeur du Département des Chemins de fer

Le Vice-Directeur,

Signé : N. MICHNEVITCH.

Le Chef de Bureau,
Signé : DEMIN.

MINISTÈRE
DES
VOIES DE COMMUNICATION

DÉPARTEMENT
DES CHEMINS DE FER

SECTION ADMINISTRATIVE

Expédition II
Saint - Petersbourg,
21 novembre 1897.

N° 20608

A M. A.-D. Golokhwastoff.

PAR ORDRE
SUPRÊME

A la suite de l'humble requête que vous avez adressée à Sa Majesté pour vous faire réserver le droit de construction et d'exploitation du Chemin de fer de l'Obi, de l'embouchure de la Karataïka aux Vassukowsky Yourtas sur le cours de l'Obi inférieur, Sa Majesté l'Empereur, sur le rapport que je lui ai présenté le 7 novembre de cette année, a daigné vous faire savoir que l'autorisation qui vous a été donnée le 2 avril 1887 de construire et d'exploiter ladite route dans les conditions qui vous ont été stipulées vous est réservée pour une période ne dépassant pas dix années, à partir du 2 avril dernier. Le terme en sera d'ailleurs définitivement fixé après accord entre le Ministère des Voies de communication et celui des Finances. Vous serez tenu à faire connaître avant trois ans au Ministère des Voies de communication le résultat des études entreprises pour la construction de la voie projetée. Si, passé ce délai, vous n'avez pas rempli cette condition, l'autorisation qui vous a été accordée sera suspendue.

En vous informant de cet ordre Suprême, j'ajoute qu'en ce qui concerne la fixation du terme final pour l'achèvement de la construction du Chemin de fer de l'Obi, je suis entré en négociations avec le Ministre des Finances, et que vous serez informé à temps voulu du résultat de ces négociations.

Le Ministre des Voies de communication,

Signé : PR. M. HILKOFF.

Le Directeur,

Signé : A. GORTCHAKOFF.

MINISTERE
DES
VOIES DE COMMUNICATION
—
DEPARTEMENT
DES CHEMINS DE FER
—
SECTION ADMINISTRATIVE
—
Expédition II
Saint-Petersbourg,
14 mars 1808
—
N° 4899

À M. A.–D. *Golokhwastoff.*

    Comme suite à la communication du 21 novembre 1887, n° 20608, le département des Chemins de fer sur l'ordre du Ministre des Voies de communication vous informe qu'à la suite de l'accord survenu avec S. E. le Ministre des Finances, le terme du délai qui vous est accordé pour l'achèvement du chemin de fer de l'Obi est fixé au 1er septembre 1905.

Le Directeur :

Signé : JASTRJEMKY.

Le Chef de Bureau :

Signé : BUBLIKOFF.

MINISTERE
DES
VOIES DE COMMUNICATION
—
CHANCELLERIE DU MINISTRE
A SAINT-PÉTERSBOURG
—
11 février 1899
—
N° 1503

A M. A.-D. Golokhwastoff.

Sa Majesté a daigné me transmettre la lettre que vous Lui avez adressée au sujet des études relatives à la construction du Chemin de fer de l'Obi.

J'ai eu le bonheur de la représenter ainsi que les documents que vous m'aviez envoyés à l'examen Suprême de Sa Majesté, le 5 de ce mois.

De cette lettre et des documents qui y sont annexés, il ne s'ajoute aucun fait nouveau à ceux que vous aviez déjà exposés dans vos précédents rapports.

En conséquence, Sa Majesté Impériale a daigné exprimer de nouveau que vous aviez déjà reçu le droit de faire toutes les études nécessaires et de construire le Chemin de fer de l'Obi, avec l'aide de capitaux privés, même étrangers.

J'ai donc l'honneur de vous informer de cette décision.

Les pièces annexées vous sont retournées avec cette lettre.

Le Ministre des Voies de communication :

Signé : PRINCE M. HILKOFF.

Le Directeur :

Signé: A. IERMOLOFF.

MINISTÈRE DES FINANCES
—
DÉPARTEMENT
DES CHEMINS DE FER
—
SECTION IV
—
15 mars 1899
—
N° 2168
—
Saint-Pétersbourg.

Au concessionnaire du chemin de fer de l'Obi,
M. A.-D. Golokhwastoff.

Le département des Chemins de fer vous informe que, sur le rapport de S. E. le Ministre des Finances présenté le 12 mars dernier à S. M. l'Empereur, vous êtes autorisé à importer en franchise de l'étranger par voie maritime, jusqu'au détroit de Yougor, les rails, le matériel roulant, les machines et en général tout ce qui sera nécessité par la construction du Chemin de fer de l'Obi. La quantité devra en être indiquée sur une liste spéciale et sanctionnée par le Ministre des Voies de communication après entente avec le Ministre des Finances.

Le Directeur :

Signé : F. MAKSIMOFF.

Le Chef de Section :

Signé : LIPSKY.

MINISTERE
DES
VOIES DE COMMUNICATION
—
ADMINISTRATION
DES CHEMINS DE FER
—
SERVICE TECHNIQUE
—
31 mars 1900
—
N° 3350

Saint-Petersbourg.

L'Administration des Chemins de fer, en réponse à la requête, présentée le 8 février dernier par M. A.-D. Golokhwastoff au Ministre des Voies de communication, au sujet d'un changement à faire subir à la direction du Chemin de fer de l'Obi, et pour demander de différer le terme fixé pour la présentation des résultats des études nécessitées pour la construction de ce chemin de fer. lui annonce, conformément aux ordres de S. E. le Ministre, que, sur le rapport présenté par Son Excellence, S. M. l'Empereur a daigné, le 24 de ce mois, autoriser, lui, A.-D. Golokhwastoff, à poursuivre les études en vue de la construction du Chemin de fer de l'Obi, en deux directions différentes :

1° Des Yourtas situées sur la rive gauche du cours inférieur de l'Obi, en face d'Obdorsk, jusqu'à la baie de Medin à travers la passe de l'Oural ;

2° Des Yourtas Posselkort, près du confluent du fleuve Obi et de la rivière Woikar, jusqu'à la baie de Medine en traversant la passe de Koppol, dans l'Oural, et la rivière Oossa, près de l'établissement de Popoff. M. Golokhwastoff devra présenter le résultat de ces études au Ministre des Voies de communication avant le 2 avril 1903.

En outre, cette permission Suprême de S. M. l'Empereur a été communiquée à LL. EE. les Gouverneurs d'Arhhangelsk et de Tobolsk, afin qu'ils puissent donner les ordres nécessaires pour que les personnes que M. Golokhwastoff chargera de ces études aient toute liberté d'action.

Le Chef de l'Administration,

Signé : C. MIKHAILOWSKY.

Le Chef de Section technique.

Signé : SEREBRENITZKY.

MINISTERE
DES
FINANCES
DÉPARTEMENT
DES CHEMINS DE FER

13 septembre 1900.

N° 8995.

Saint-Pétersbourg.

Au concessionnaire du Chemin de fer de l'Obi,
M. A.-D. Golokhwastoff.

En réponse au mémoire que vous avez adressé au Ministre des Finances, le 8 courant, le Département des Chemins de fer a l'honneur de vous informer qu'aucune autre personne ni Compagnie n'a reçu le droit de construire et exploiter un chemin de fer entre l'embouchure de l'Obi et de la baie Haipoodiera; que le droit de construire et d'exploiter un chemin de fer d'usage privé dans cette direction vous a été accordé à la condition de présenter, avant le 2 avril 1903, les résultats des études techniques et d'avoir, avant le 1er septembre 1905, achevé la construction. Plus tard, le 12 mars 1899, par ordre Suprême de S. M. l'Empereur, il vous a été accordé le droit d'importer de l'étranger et en franchise, par voie maritime, jusqu'aux portes de Kara, tout le matériel roulant, les machines et, en général, tout ce qui sera nécessaire à la construction du Chemin de fer de l'Obi, en quantité qui devra être présentée sur une liste spéciale et sanctionnée par le Ministre des Voies de communication, après entente avec le Ministre des Finances.

Le Directeur,
Signé : E. ZIGLER.

Le Chef de Section,
Signé : M. STARINKEWITCH.

MINISTÈRE
DES FINANCES
—
DÉPARTEMENT
DES CHEMINS DE FER

30 novembre 1900.

N° 11,379.

Au concessionnaire du Chemin de fer de l'Obi,

M. A.-D. Golokhwastoff.

En réponse à votre requête du 24 courant, le Département des Chemins de fer, comme suite à sa lettre du 13 septembre dernier, n° 8895, a l'honneur de vous informer que les droits qui vous sont garantis et qui sont énumérés dans la lettre n° 8895, pour la construction du Chemin de fer de l'Obi et l'importation en franchise du matériel roulant et de tout ce qui sera nécessaire à cette construction vous appartiennent et seront transférés à vos héritiers dans le cas de votre mort.

Le Directeur,

Signé : E. ZIGLER,

Le Chef de Section,

Signé · M. STARINKEWITCH.

MINISTERE
DES FINANCES
—
DEPARTEMENT
DES CHEMINS DE FER
27 juillet 1931.
—
N° 7016.

Au concessionnaire du Chemin de fer de l'Obi,

Alexandre Dimitriewitch Golokhwastoff.

Par suite d'un accord entre S. E. le Ministre des Voies de communication et S. E. le Ministre des Finances, la demande adressée par l'ingénieur mécanicien Knorre en vue d'obtenir l'autorisation de constituer une Compagnie pour la construction et l'exploitation, au nord de l'Oural, d'un chemin de fer d'usage public et qui relierait les côtes de l'Océan du Nord aux rives de l'Obi, près d'Obdorsk, sera soumise à la Commission pour l'étude des projets de chemins de fer. siégeant au Ministère des Finances.

Selon l'ordre de S. E. le Ministre des Finances. vous êtes invité à faire partie de cette Commission, comme ayant déjà reçu, par autorisation Suprême de S. M. l'Empereur, le droit de construire un chemin de fer d'usage privé. d'après un tracé très voisin de celui que projette l'ingénieur mécanicien Knorre.

En vous faisant part de cette invitation, le Département des Chemins de fer a l'honneur d'ajouter que vous serez informé, en temps voulu, de la date exacte de la séance.

Le Directeur,

Signé : E. ZIGLER.

Le Chef de Section,

Signé : M. STARINKEWITCH.

NOTE DE L'AUTEUR

Le dernier document, où il est fait mention de M. Knorre, nécessite de ma part une courte explication.

Pendant dix-huit ans, j'ai eu recours aux connaissances techniques de S. E. l'Ingénieur des Ponts et Chaussées, M. Pierre Gette, qui, au bout de ce temps, se rendit, à mon insu, en Sibérie. Là, il fit la connaissance de M. Knorre et s'étant présenté à lui comme l'auteur du projet et sans même mentionner mon nom, il parvint à le décider à lui fournir les fonds nécessaires pour l'exploration du tracé de la ligne, exploration que, d'ailleurs, il ne put mener à bonne fin. Dès que j'eus connaissance d'une pareille façon d'agir, j'en fis part à S. E. le Ministre des Finances, M. Witte, qui me fit aussitôt adresser la communication que j'ai publiée ci-dessus (page viii).

Depuis, on peut voir d'après la communication du Ministère des Finances, n° 7016 (page x), que S. E. le Ministre m'a invité à faire partie de la Commission qui doit siéger prochainement au Ministère des Finances pour examiner le projet soumis par M. Knorre de la construction d'un chemin de fer d'usage public, allant d'Obdorsk à la baie de Médine. En cela, Son Excellence a donné une nouvelle marque de sa haute équité, et m'a mis à même d'exposer devant une Commission compétente, à quels obstacles se heurte l'établissement, dans ces régions, d'un chemin de fer d'usage public, et sans aucune garantie du Gouvernement. J'en ai d'ailleurs donné un aperçu à la page 13 du présent Rapport.

Pour terminer, je tiens à dire que je n'ai, jusqu'à présent, cédé mes droits à personne et que nul, par conséquent, n'est autorisé à conclure quoi que ce soit en mon nom.

Paris. le 13 septembre 1901. A.-D. G

IMPRIMERIE CHAIX, RUE BERGERE, 20ᵉ PARIS. — 16712-9-01. — (Encre Lorilleux)

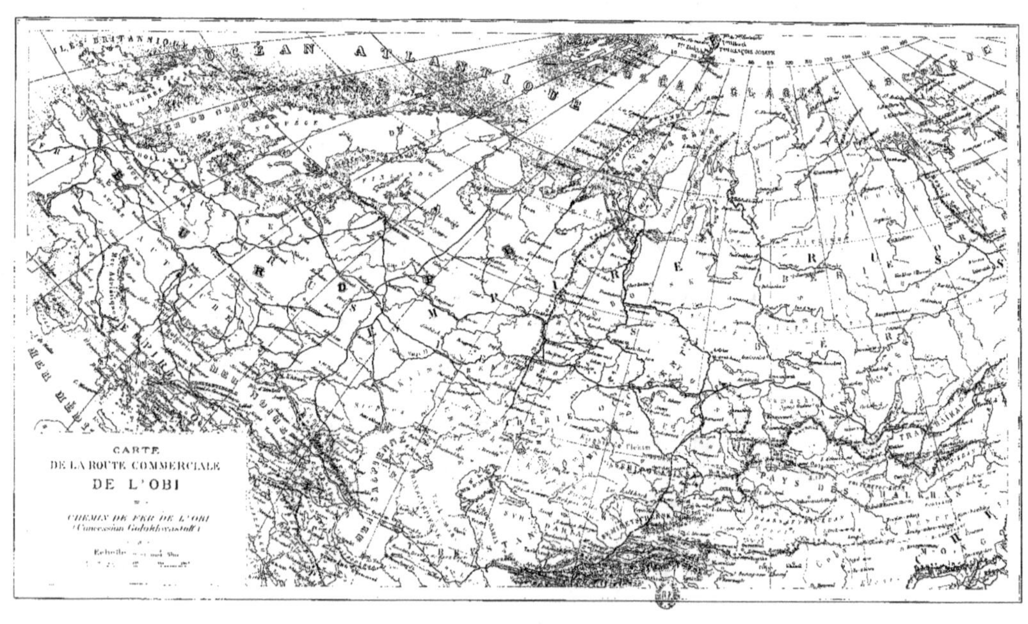

CARTE
DE LA ROUTE COMMERCIALE
DE L'OBI
ET
CHEMIN DE FER DE L'OBI
(Concession Gadahkwastolf)
Echelle

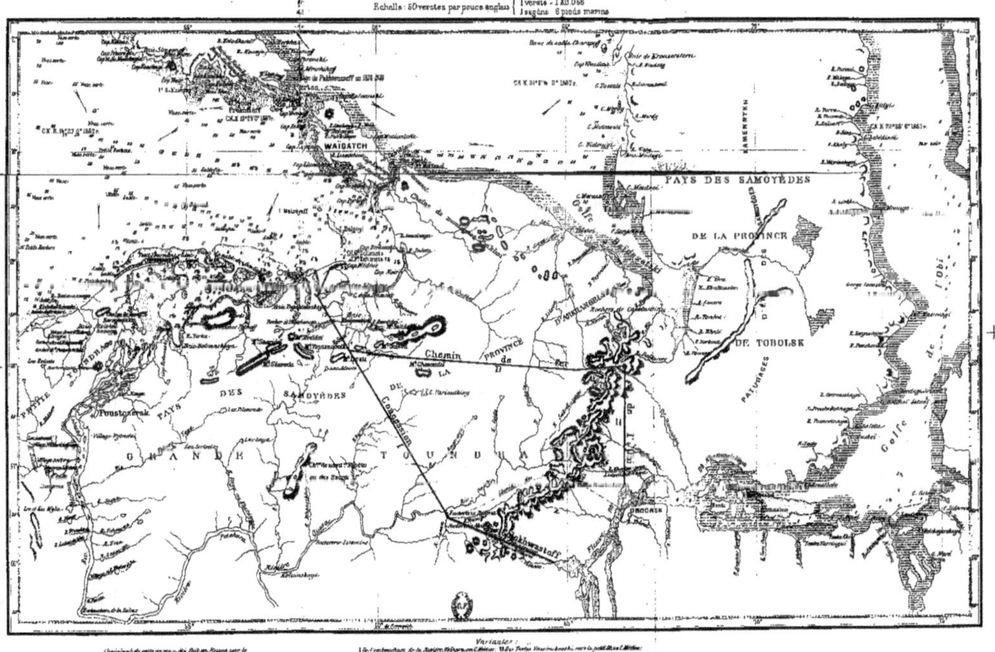

CARTE DU CHEMIN DE FER DE L'OBI. CONCESSION GOLOKHWASTOFF
WAIGATCH
PAYS DES SAMOYÈDES
DE LA PROVINCE
DE TOBOLSK
PROVINCE de
Chemin de Fer
DES SAMOYÈDES
GRANDE TOUNDRA
Variantes:

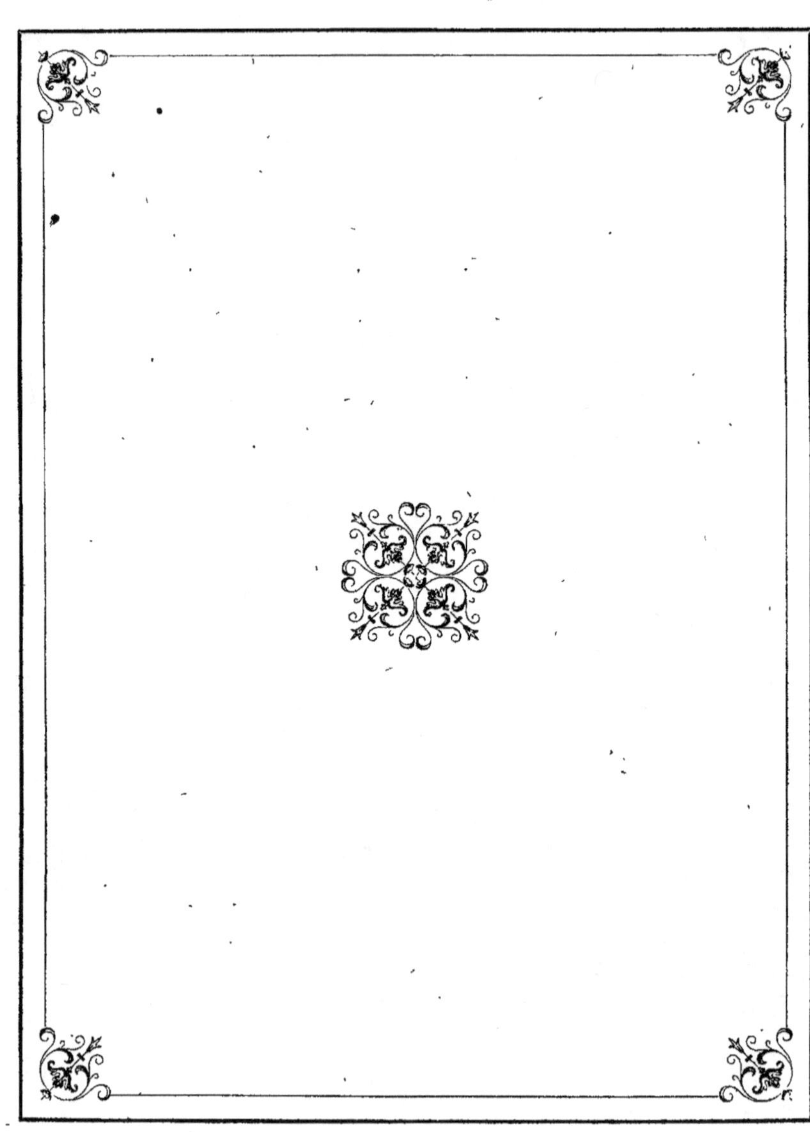